사랑의 단어에 가장 어울리는 백정숙, 백종화, 백종권
그리고 에피포도 가족을 위해

for

JungSook Baek, JongHwa Baek, JongKwon Junha Baek

and Epipodo's family

Epipodo: A Greek Word that means "I love" "I yearn for" and "I miss."

모순

■
초판 1쇄 인쇄 / 2009년 7월 20일
초판 1쇄 발행 / 2009년 7월 25일

■
지은이/백 승 철
펴낸이/김 수 관
펴낸곳/도서출판 영문
122-070 서울시 은평구 역촌동 10-82
☎ (02)357-8585
FAX • (02)382-4411
E-mail • kskym49@yahoo.co.kr

■
출판등록번호/제 03-01016호
출판등록일/1997. 7. 24

■
Epipodo
President : Dr. SungChul Baek
2907 N. Cottonwood St #11
Orange, CA 92865. USA.
Tel: (714)998-1128   Cell(714)907-7430
www.epipodo.com
email:usaep@hanmail.net

파본은 교환해 드립니다.
본 출판물은 저작권법으로 보호 받는
저작물이므로 출판사나 저자의 허락없이
무단 전재나 무단 복제를 할 수 없습니다.

정가 10,000원
ISBN 978-89-8487-262-2 03230
Printed in Korea

영문詩選

모순
A Contradiction

백승철 詩集

A Collection of Poems
by
Dr. SungChul Junha Baek. Poet

도서
출판 영문

A Contradiction

Copyright © 2009 by Dr.SungChul Junha Baek

All rights reserved.
No part of this publication
may be reproduction in any form without
written permission from the author:

2907 N Cottonwood St #11
Orange, CA 92865.
USA.
email: usaep@hanmail.net
www.epipodo.com
Tel: (714)998-1128 (714)907-7430. USA.

YoungMoon Publishing Company
#122-070. 10-82 YeokChonDong EunPeungKu Seoul.
Seoul Korea.

ISBN: 978-89-8487-262-2 03230
Printed in the Seoul Korea

자 서 自序

오랜 만에 흩어져있던 시를 모았다.
부끄러운 고백이 될런지 모른다.
누구에게도 시를 배운 적이 없다.
그저 좋아서 여기까지 왔다.
그 좋은 것을 함께 나누려는 용기를 다시 냈다.
흠점이 태산처럼 보일 것이다.
그 산에도 어김없이 겨울눈이 내릴 것이다.
흰 눈이 수놓은 모자 달린 긴 옷을 다시 걸어 놓는다.
오늘 만큼은 기억의 상자를 열어 놓는다.

2009년 7월

City of Orange, California.
미국 캘리포니아 오렌지에서

백승철

차례

자서自序 ······ 5

제1부 ● 추운 겨울일수록 화려한 눈사람이다

이곳에서의 시작 詩作 ······ 15
매미가 왜 여름이면 울어야 되는가를 알으십니까 ······ 17
별 ······ 19
에피포도 epipodo ······ 22
그리움 ······ 24
오계五季 ······ 25
여름 비 ······ 27
사랑니 ······ 28
생각 ······ 29
겨울 눈 ······ 30
기차 ······ 31
고백 [1] ······ 32
장마 ······ 34

고백 [2] …… 35

꽃눈 …… 37

제목 없음(섭섭하면 우연이라고 붙여 두고) …… 38

흔적 …… 40

제2부 ● 어딘가에 길이 있다

시간 …… 45

코스모스 Cosmos …… 46

토끼와 거북이 …… 47

숫자 …… 50

모순 [1] …… 51

모순 [2] …… 52

모순 [3] …… 53

모순 [4] …… 54

신 新 이상의 날개 …… 55
아무튼 좋은 제목이 생각나지 않아서이다

요즘 …… 62

세상을 여는 이야기 …… 63

출 出 …… 65

강물 …… 66

웃음 …… 67

개미 …… 68

아직 갈길 멀다고 말한다 …… 69

이런 일 …… 70

공개수배 …… 71

대화 …… 72

제3부 ● 산은 숲으로 말하지 않는다

요세미티 시편 …… 75

낙엽 …… 77

이사 …… 79

가을 …… 81

꼬마 [101] …… 83

꼬마 [102] …… 84

꼬마 [103] …… 85

꼬마 [104] …… 86

낙서 …… 87

꼬마 [201] …… 89

꼬마 [202] …… 90

꼬마 [203] …… 92

바람 …… 93

하루살이 …… 95

예진(사막에서의 만남) …… 96

제4부 ● 파리는 죽기위해 날다

번호 …… 101

상자 [101] …… 102

상자 [102] …… 104

상자 [103] …… 105

상자 [104] …… 106

상자 [105] …… 107

상자 [106] …… 108

보이지 않는 것들에 관하여 …… 109

파리 …… 110

징검다리 …… 112

길 [1] …… 114

길 [2] …… 116

산 …… 118

그날 …… 119

소망 …… 121

봄 ······ 123

사막에서의 편지 ^('C. 카레토' 로부터) ······ 125

바다 ^(갈매기 떼) ······ 127

제5부 ● 시간의 바람타고 서쪽으로 고개 숙인 하루

기업을 위한 간구 ······ 131

마지막 1999 ······ 133

만남 ······ 135

이곳에서의 시작 始作(혹은 교회를 위한 간구) ······ 137

간구 ······ 139

다른 아침 ······ 140

가정을 위한 간구 ······ 141

여행 ······ 143

꿈 ······ 145

포도원과 작은 여우 ······ 147

비전 Vision ······ 149

선물 ······ 151

빛과 어둠 ······ 152

감사의 서시 ······ 154

Chapter 6th ● For you only

Light and Darkness ······ 159

Difference ······ 161

Sea ······ 162

A Drake ······ 163

Reminiscence ······ 164

A wisdom Tooth(Love Tooth in Korea) ······ 165

6 Poems (Thinkable) ······ 166

Confession (A declaration of love) ······ 168

For you only ······ 170

Flower(Please, someone put a more meaningful for the title) ······ 172

The Train ······ 174

A little Teacher ······ 175

Part 1

추운 겨울일수록 화려한 눈사람이다

이곳에서의 시작^{始作}
매미가 왜 여름이면 울어야 되는가를 아십니까
별
에피포도^{epipodo}
그리움
오계^{五季}
여름 비
사랑니
생각
겨울 눈
기차
고백[1]
장마
고백[2]
꽃눈
제목 없음(섭섭하면 우연이라고 붙여 두고)
흔적

이곳에서의 시작詩作

도망치 듯
무언가
벗어나야 한다는
만남 그리고 헤어짐
모든 것이 낯 설은 곳이라
꿈꾸어 왔던 이곳에서
풍요롭게 무너지는 날
너는 바다이어야 한다
그러면
누군가는 여전히 갈매기로
그걸
고독 혹은 아픔으로 이름하였다
누군가,
찾아와 기억할 수 있는 모습으로
나는 지금
오래된 전설로
계절 없는 파도 위에 서있다
바람이 분다

시작을 알 수 없듯 가고
어디론가,
또 하나의 전설을
이곳에서부터 시작^{詩作}하고 있다

매미가 왜 여름이면
울어야 되는가를 알으십니까

내
서러움에 우옵니다
아무리 해도 처음의 내가 아닙니다
보이지 않는 아픔보다
보이는 서글픔은 더한 중병입니다

한없이
끝없이

아침이면 눈물로 목욕합니다 그래서
침묵합니다
가을 겨울 봄
소중히 해야한다
소중히 해야 된다고 합니다만
매일매일 울음을 소리로 엮어가야 합니다
여름이 있어야 되는 한

사실 보내는 것이 아닙니다
그 날이 있어 좋습니다

그리고는
감사하고 있습니다
그리고는
고개 숙이고 있습니다
그리고는
무작정 걷고 있습니다

그리고는그런데도이상하게

묻고 있습니다
매미는 왜 여름이면
울어야 되는가요
알으십니까
나무 위에서 울음 엮는 과일을

별

1

딱 하나가 비어 있었다 그렇게 결정해 버린 것은 어둑한 날에 더욱 잘 보이는 슬픈 그림자 눈물 때문이다 사람들은 무심히 보지만 밤하늘 어느 작은 구석에서 너가 없는 뒷모습을 훔쳐보는 버릇이다

2

에구구 실수!! 옛날 옛날 하늘로부터 예쁜 별이 그만 실수로 떨어져 버렸는데 사람들은 그 예쁜 별을 '별똥공주'라 부른데

3

지나치게 어두운 날 흔적으로 남아있는 별 하나 이야기를 친구는 그렇게 들려주었다 그러나 나는 밤하늘 그대로 머물러 있어야 했다 제자리로 돌아가는 너의 얼굴을 보기 위해서 저기별을 떼어 비어있는 거기에 가만히 놓아 보았다 궁색하다는 것은 혹독한 구렁에서 고집스럽게 한동안 끊임없이 이어지는 이 생각들 속에서 더 집요해지고 있었다 잠시

안식 할 수 있었던 것은 도둑처럼 올라온 애써 의도적일 필요는 없다는 것, 그래서 여전히 텅 빈 구석 하나를 다시 만난다

4

친구는 그 날 거기에 걸 맞는 별 하나를 그려 주었다 이건 조각할 수 있는 자유의 시작이지만 서로 함께 한다는 행복으로 혼자 있을 때는 고독을 이기지 못하는 것이다 헤아릴 수 없이 별 무리가 자기만의 빛으로 손수 요리를 하고 걸어가고 있다 어릴 적 나는 그렇게 많은 별들이 하늘에 걸려 있다는 것이 학습되어질 때, 얼마나 울었던지 그 야릇한 기억으로부터 수 없는 별들이 비슷한 꼴로 휘청거렸지만 이젠 없다

5

내가 있는 나무에 올라갔다 친구의 별 그림을 걸어 놓기 위해 잠시 잠시 솔잎을 먹으면서 가장 잘 보이도록, 언제나 내려가는 것이 문제였다 아찔하다 어둠 속의 별들은 제각기 그들만의 빛이 있다 바람은 반드시 무엇인가를 흔들어야만 하듯이 정들어 간다는 것이겠지 내가 그것에 익숙해지려는 것은 친구의 고마움도 있겠지만 없어져 버린 너의 공간을 우린 찾을 수 없기 때문이다 다행하다는 것은 때때로 만족

한 새로운 버릇을 만들고 있었다 혹시나 그 하루에 어둑한 상자를 열어 보는 것이다 너는 여전히 빛을 잃고 있다 친구는 별에 관한 이야기를 더 이상하지 않는다 나 역시 풍요로운 슬픔으로 너의 빛을 더 이상 기다리지 않는다

6

그래서 오늘도 찾는다 지구에서 너를

에피포도 epipodo*

어둠 먹고 낮 되는 동안
어린 왕자는 여기까지
물을
주고 바람 막아
주고 불평 들어
주고

하나또하나하나또하나에하나하나
또하나하나또하나에하나또하나하

한번정도 슬퍼할 수는 있어도
툭툭 털고 손때 묻은 장미 위해
그건 나에게 길들여져 있기 때문이야

에피포도

어 저녁 일어서는 뒷모습에 텅 빈 공간
흘러가는 시간하나에 의미를 부여하고

무언가에 아니 그렇게 되기만을 소망하던
나만의 시간을

하는 일이 어린 왕자의 장미일 수 있습니다
무더기 말들 속에 하면 할수록
내가 아주 작아져 가는 것을
스물아홉 해
그제 서야 읽을 수 있었다

에피포도 너를 위한
에피포도 나를 위한

＊에피포도(Epipodo) : 헬라어로 "사랑한다 사모한다, 그리워한다"의 의미
로 간절한 마음이 담겨있다

그리움

잊으려 해서
잊히는 것은 아니다

가만히 하루를 열어보아도
너는 바다이었다가
여전히 누군가는 갈매기로
어딘가에 산 울음으로 살아
가슴으로 다가오는,

지금도
밤의 바닥
벗어놓은 달빛으로 출렁이며
눈썹에 그렁이는 안개 속,

가도가도 끝나지 않아
늘
새로 시작하는,

한동안 그러고 서 있었다

오 계五季

1

겨울비 속에 누구일까 너는 단 한번 웃었다가 저녁노을에 이름 없는 얼굴로 남아 있어야 한다 너에게로 가고 있다 이름을 불러 줄 수 없는, 아예 뒤로 뒤로만 걸어가야 한다 너의 이름을 갖고 오늘 빈자리에 슬그머니 앉는다 강아지 우산을 접었다 두 번 눈이 오고 있다 눈사람을 만들기로 했다 어두운 날엔 하늘은 셀 수 있을 만큼 별무리가 떠 내려 간다 별 하나에 세상이 밝을 수는 없을까

2

일순간도 너의 이름을 불러줄 수 없었던 우린 지금 내리내리 숨바꼭질을 하고 있다 내가 술래가 되면 누군가는 꼭꼭 숨어야한다 단막 되어 이어지는 날엔 덩이덩이 생각만으로 늘 상 그래 왔던 것처럼 하루를 쉬어가고 가까스로 찾아내면 너라고 하는 것에도 어떤 모순이 있지만 습관이란 참으로 무섭지, 풍요로운 날엔 살며시 숨어 버린다 유난히 겨울은 추웠다 그래서 일까 한동안 고목나무 끝에 내린 눈발로 떨리는 손끝이다

3

여름 내내 옷을 벗었다 벌거숭이였다 보여줄 수 있다는 것은 그래도 행복이다 이젠 없다 지독한 소망뿐. 조금도 추위에 떠는 일이 없다 계절 탓으로 돌리려 했지만 결코 그렇지는 않을 거라고 주체 못할 낙엽은 볼품없는 나의 모습에 손바닥만 한 그늘까지 선물하고 있었으니 말이다 그렇게 시절은 달아나고 있었다 꼬마가 말했다 저기 좀 봐 논이 머리를 깎고 있어

4

무너져 내리고 있다 겨울 눈사람은 없다 시간 속으로 또 하나의 흔적을 두고 앙상한 모습을 드러내고 있다 찬란했던 여름날 옷은 어디 갔는가 추수한 가을저녁을 바람은 서걱서걱 기어가고 있다 더 이상 머무를 수 없는 곳에서 죽는다든지 없어진다든지 서산으로 흐르는 발 끝 아쉬움에 서러웁다

5

겨울 없는 눈사람을 만들고 있다 그대 떠난 자리 엉성하게 잡초만 무성하다 왜 몰랐을까 언제나 혼자라 생각할 때 둘이었다는 그 흔한 것을 행복 하라. 너를 만나는 기다림이 시작되고 있다 까마득한 날에서 오늘 또 오늘 내일까지, 살아나라 이름이여, 얼굴이여, 우리 계절이 오고 있다 일어나 함께 가자 우리 땅에 반구班鳩의 소리가 들리는 구나

여름 비

아무래도 하늘은 지난겨울 내내 목욕을 하였나 때묻은 얼굴 하나 하지 않고 언제나 웃는 시원한 바람도 일으키지 않으면서 이마에 땀을 손으로 한번 훔칠 때면 잠시 세상은 어두워지고 땀을 닦는 소리에 잠시 아주 잠시 빗소리를 들을 수 있는데 여름하늘이 슬피 우는 눈물소리라고 말하고 싶지 않은 것은 그 날엔 아무 말이 없었기 때문이기도 하거니와 층계도 없이 내려오면서 춥고 쓸쓸한 허공에 길을 만들며, 누구나 만날 수 있어 다시는 그 길이 보이지 않지만 지나고 나면 없어지는 길, 여름엔 별다른 기억이 없다

그래도 너에게 온몸을 묻는다

사랑니

너와는
애초부터 만나지
말았어야 했을 걸
저,
구석진 곳에서의 만남
하루 몇 번
사랑을 강요할 땐
처음부터 고통이었어
제발 멀어졌으면
난 네가 정말 싫어
강제로 너를 뽑아버리고는
괜찮겠지
이제는 괜찮겠지
하면서도 눈물이 나와
나와는 상관없는 일이
되었다는 것은
잘못 생각
너가 빠진 자리
아픔이 너무 커
왜 일까

생 각

겨울이다
그
발자국 소리다
문득,
나의 삶으로
조약돌을 던지고 있다

You are tossing
A pebble
Into my life.

겨울 눈

그토록 밟히면서
온 세상을 가슴으로 덮는다
지금 세상은 너가 만든 이불로
가장 따뜻한 계절을 쉬고 있다

기차

긴
입 기운
토해내는 너

이따금
오고가는 눈짓에
힘찬 외 소리 음성

하기야
어울어지는
그리움이 오죽하랴만

고 백[1]

마음에 이루고 싶은 씨앗
어제 심고 물을 줍니다
오늘은 태양 없는 하늘 그리며
비라도 오렴,
마음속엔 가지 많은 나무 자라고 있습니다
떨어지는 나뭇잎 사이
바람은 비틀거리며
그 소원 이루어지는 행복은
바로 당신의 기쁨입니다
흔들리는 길 언덕 걸어가면서
말을 아끼지만
그 길만은 당신 위한 자리 만들어 놓고
앞서지 말게 하소서
태양은 산언덕에 걸터앉아 졸고
열린 입술은 무수한 언어로 구름비를 몰고 오면
내일 시간이 없다면 허망한 꿈입니다
당신 앞에 잠잠히 기다리는 인내가 필요합니다
잠시 뒤돌아 볼 시간 없다는 것은

내 가는 길이 즐겁다는 이유 되어
내 기뻐할 때
당신은 어둠 속 깊은 골목에서 슬픈 얼굴이었습니다
다시 걷는 이 길
당신이 정하신 길이라 인내하지만
곁길에서 자꾸 넘어지는 쓰라린 계절입니다
없어진 계절을 다시 만들어 주는
당신의 손길을 기다립니다
버리지 마옵소서 영영히 보호하소서
아직도 먼 삶이지만 이제껏 내가 산 것은
곁에 있는 당신의 사랑이었습니다

장마

더 이상 너의 눈물에 속을 내가 아니다
아니면 너를 담을 항아리가 없다는 이유 되어
몰아치는 바람 곁에 웃고 있다

고 백[2]

두터운 옷을 벗는
겨울 자락 모서리에 묻어온
사랑이란 이런 것이다

말 못하는 벙어리
손으로 노래하는
어설픈 시인의 목소리로
고백한다는 것이
그리 쉽지 않다는 것을 알면서도
지금,
나는 오선지 위에서 사랑으로
노래하고 있습니다

고백이 고백으로
끝나는 일도 있다 하더이다
사랑이란 두 번 세 번
할 수 있다는 말도 들리더이다
하여도

옛 이야기로 전해지고
설사
당신의 박수소리 들리지 않더라도
막이 내리면
나의 노래를 사랑하며
나도 세상사는 동안
두 번 할 수 없는 사랑을 하였노라
옛 시인의 감정으로,
당신만이 이루는 계절에
물든 낙엽으로 떨어 집니다

꽃 눈

바람에
제 갈 길로 떨어져
뒤돌아 본 흔적 없이
앞으로 앞으로만 걷는다
그 길을

제목 없음
섭섭하면 우연이라고 붙여두고

지금
유난히 변해버린 길모퉁이에서
홀로 서성이는 그림자여
찬미하는 얼굴로 다가서는
한 가닥 빛을 바라보아야 한다

우연히 만난 사람은
우연히 헤어지는 것들로
슬퍼하지 마라

떠나가는 사람은
그래도 행복할 수 있느니
가야 되는 길로

남아 있는 사람은
슬픈 전설로
말하지 마라

그때를 알고
뒤돌아서는 모습이
아름다웁다느니
누군가에 말에
위로 받는 일은 하지 말일이다

당신은
우연한 만남에 익숙해 져야 한다

흔 적

가슴에서
일어나는 파도는
기대할 수 없는 곳에서도
우연 보다 깊은
인연 때문일 것이다
오늘만큼은
한 발 앞서면 떨어질
기억의 벼랑을 더듬으며
옮길 때마다 발끝에서
나는 항시,
그 장소에 있는데
기억나지 않는 얼굴로 인해
흔들릴수록 시린 눈물은
단 하나의 계절이 걸려있는
그 벼랑에서 휘몰아치는 시간,
그 시간 속으로
온몸을 던지지만
열매도 없이 그 순간에 머물

다시 높아지는 파도에
이슬로 흩어져
떨어지는 씨앗은 눈이 되어 내릴
그토록 추운 겨울일수록
화려한 눈사람이다
가슴에는,
이유 없는 길도 있다

Part 2
어딘가에 길이 있다

시간
코스모스^{Cosmos}
토끼와 거북이
숫자
모순¹
모순²
모순³
모순⁴
신^新이상의 날개(아무튼 좋은 제목이 생각나지 않아서이다)
요즘
세상을 여는 이야기
출^出
강물
웃음
겨울 비
개미
아직 갈길 멀다고 말한다
이런 일
공개수배
대화

시간

다시 뛰어 올 것처럼 거기서 서성거린다

누구나 소유한 것은 알고 있지만 너에겐 없는 알 수 없는 것들 너의 모습은 보이지 않는다 너의 소리를 한 번도 들은 적이 없다 너의 발걸음을 멈추게 한다든지 뒤돌아 보는 오늘, 내일은 나만의 계산이다 아직도 보이지 않는 너에게 자유하라 혹은 약속이다 한번 바람이 불면 사람들 기억 속엔 내가 없다 너만 곁에서 웃는다

저만치, 항시 너만 존재한다

코스모스 Cosmos *

내가 아니었으면 하는 것은 나 대신하여 나로 있어야 된다는 거다 내가 없는 공허는 날마다 기쁜 고독을 이겨 나가야 한다 고독 속에서 대신하는 내가 없는 한 이것저사람저것이사람을 만나도 다시다시 고독 앞에 혼자 있어야 한다 괴로운 계획은 하루를 밀어내고 있다 나는 나이어야 한다 무심코 사람들은 보지만 나는 반지 위에 있다 슬슬 엄지손가락으로 서른다섯 번 문지르면 사람들은 나를 나로 보고도 무심히 반지는 그냥 그대로, 나는 반지 위에 없다 먹어야 했다 자리를 펴고 피곤을 잠으로 몰아넣은 후 임신 팔 개월로 꾸역꾸역 배가 부르다 잠자고 있는 나의 배가 나는 없다 사람마다 내 시는 요리감으로 구미에 맞아왔다 오늘도 그들은 요리를 한다 수치스러움은 눈물이다 흩어지는 설익은 음식을 고양이가 먹고 있는 것을 끝내 나로 보고 있다 고집스럽게 바람이 분다 어디서 시작해서 어디서 끝나는 건지 모두는 관심이 없다 나의 영혼에 낙엽은 가을과 함께 죽어가고 있다 사이에도 탈 없이 바람은 분다 엄지손가락으로 반지 위를 더듬 거린다 이젠 자리를 바꾸어 나만이 존재하게 된다 잊혀지지 아니 할 때까지

*주(註) : 코스모스(Cosmos) / 희랍어로 세상, 세계라는 의미를 갖고 있다.

토끼와 거북이

1

어림잡아 토끼와 거북이가 달리기를 시작했는데 확실히 토끼는 잘도 뛰었다 거북이란 놈 기어가고 있는 폼을 보고 있노라면 숨 짧은 사람 여럿 죽이겠다는 생각은, 말이야 바른 말이지 어쩌구저쩌구 해서 거북이가 승리했단다 초등학교 때부터이니 수십 년을 그 이야기에 길들여져 있다

2

언제부터인지는 확실하지 않지만 언덕 위에 거북이 집이 밀물 되어 사람들은 그곳을 거북이 촌이라, 기억하면서 기는 것에 숙달되지 않은 동물은 살 수 없는 어느 날, 정말 어느 날, 바람에 기우는 여름 한 복판에 "거북아 거북아 뭐하니" 더위를 견디지 못해서 일까, 모피외투 토끼 서너 마리가 들어섰다. "밥 먹는다" "무슨 반찬" "지렁이 반찬" 그 날 토끼는 더 이상 말을 숨기고 돌아갔다

3

오래도록 흐린 날은 비를 몰고 오는 것도 아니면서 이번엔

떼거리로 몰려들었는데 "거북아 거북아 뭐하니" 굴곡 없는 계곡에서 울림으로 다시 돌아와 "무슨 반찬" 토끼 손에 들린 소 한 마리 굼벵이 기어가는 여름 날 속으로 "거북아 거북아 뭐하니" 더 이상 들을 얘기가 없는 듯 정신 없이 "새집 줄게 헌집 줘라 새집 줄게 헌집 줘라 새집 줄게 헌집 줘라" 하나 둘 무너져 내리는 먼지는 온 세상 하얗게 덮는 찢어진 겨울 조각이다

4

얼마는 서둘러 아침 없는 하루를 떠나면서 새집으로 이사하는 꿈을 꾸고 있는 거북이들은 하루가 다르게 부서진 만큼 올라가면 갈수록 그래서 더 이상 오를 수 없는 곳에서 눈 빛 아래 거북이 집을 찾는 것은 날개가 없는 한 추락이다 그래, 벼랑 위에 걸 터 앉은 늙은 거북이 집. 딱 하나, 거북이 집이 그 앞에 버티고 서 있는 동안 그 날도 삽질하는 거대한 기계는 그 거북이 집 사방으로 파 들어가는 소리, 잠시 추락하는 것에 비틀거리는 고요한 희망이다

5

묘한 놀이의 시작은 아니 즐기고 있었다는 표현이 더 적절할 것 같은 처음엔 적어도 그런 놀이였다 언제까지 버티고 서 있을까 하루에 한 번 꼴로 언덕을 넘으면서 잠시 추락하

는 안식은 나의 작은 가슴에 머물러 있는 희망까지 도둑맞을 필요는 없다는 버팀목으로 자라면서 하루 하루를 산다는 것이다 다시 언덕에 뚜껑 열린 냄비바람이 불어오면서 벼랑 끝 늙은 노인이 더 이상 서있는 모습을 우리는 볼 수 없게 되었는데 그때라. 토끼와 거북이는 서로 인사를 나누며 거북이 손이 세상 밖으로 나오기까지 술 취한 벌건 대낮이었다 어디서 많이 본 듯한 얼굴, 가만히 가만히 내가 어릴 적 들었던 그 거북이와 토끼는 서로 아무 말이 없이, 그 다음날 우린 벼랑 끝 그 거북이 집을 더 이상 찾을 수 없는 나락이다

6

오늘은 흩어져 있던 거북이들이 새집으로 이사하는 날이지만 어떤 놈은 쓰러졌다 어떤 놈은 중간쯤 오르다 누워 자고 어떤 놈은 현기증에 시달려 다시 내려오다 날개 없이 하늘을 포기하고 거북이 떼들은 그러는 사이 절반이상이 줄어들었다 이젠 헌집 이야기는 더 이상 없다 누군가는 언덕을 넘으면서 새로운 전설을 다시 만들어야 한다

7

또 시작되었다 토끼와 거북이 경주가 "거북아 거북아 뭐 하니"

숫자

내 생일은 1962년 11월 14인데 시계는 어제도 6시로 하나 둘 셋 넷 자동차들이 빠져나가지만 내 자동차 번호는 3AJ116이다 자동차 보험 번호는 AA600129로 시작되고 우리 집 전화 번호는 714에 9981128이다 은밀한 곳에 숨어있는 비자카드 번호는 541037로 끝나고 내 돈 찾는 데도 슬금슬금 숫자를 눌러야 하니, 은행에서 20불을 찾았다 나머지 잔액이 120만 불이나 된다 만 자만 빼면 우리 집은 711번지 1층이다 눈감고도 찾을 수 있는 문짝엔 언제나 112 번호가 붙어있다 책상은 2개지만 의자는 4개다 8월은 31일까지 있다 문득 아주 문득 1년이 365일까, 34년을 살았다 12410일을 잡아먹었다 80까지 살면 29200일이다 아무래도 힘들 것 같다 수첩 속엔 숫자들의 숨바꼭질 전쟁이다 비밀번호를 많이 가진 자가 승리하는 전쟁이다 그럴까 하나둘셋넷다섯여섯일곱열스물서른 다시 센다 공간 이동이다

없어져버린 숫자를 찾아 나선다

모 순[1]

굶어 보는 거다 거저거저 그날 보도블록 조각이 떨어진 먼지 안으로 흉물스런 괴물이 죽어갔다 천장만을 바라 보다 오줌과 똥이 마려우면 때서야 일어나고 아니다 오줌은 강을 만들지 못한다 큰 것이 문제였다 항상, 고독하다는 것은 고독으로 힘들다는 거다 흩어진 머리자락을 모아 바느질이라도 해야 할 판인데 빙빙 도는 세상은 온몸에서 구역질나는 괴로움이다 돌아누우면 떨어지는 벼랑이다 어둠 속으로 비가 왔었나 보다 축축하다 사람들이 빠져나가는 발자국 소리를 하나 둘 아홉 그땐 라면을 무척이나 먹고 싶었다 전화벨이 소릴 치고 있다 잠을 도적질해야겠다 주머니 속 페니스를 만지작거렸다 킥득키득, 양복왼쪽 주머니 속에서 흘린 고약한 웃음이었다 술래는 더 이상 숨어있는 웃음을 기다리지 않는다 있다는 것은 한번 해보았어도 여전히 있다는 말이다 정말 없다는 것으로 없는 것은,

그 날 밤 울음도 강이 될 수 있었다

모 순[2]

누군가
뺨을 때리고 있다
침묵하고
오른뺨도 때리거라
웃었다

모순[3]

두더지는 아직도 땅 속을 헤매고 있다

한 사람은 고개 숙이고 끄덕이면서
한 사람은 신문 보며 웃는 소리
한 사람과 한 사람은 알 수 없는 소리를 주고받고
한 사람은 아주 막막한 어둠을 뚫고 밖을 보며
한 사람은 모르겠다
한 사람은 자기 구역을 책 속에 그어가며

거대한 엉덩이가 보였다
한 번 왼쪽으로
두 번 오른쪽으로 흔들더니
그만 앉고 말았다

모 순[4]

야,
이 씨빌(18의 미화법) 놈아
그랜저를 소나타가 받아
말없음
도둑맞은 빈터
나는 들었다
올해처럼
지지리도 더운 여름
시내버스 차창사이
그 소리가
소나타는 차로

신新 이상의 날개
아무튼 좋은 제목이 생각나지 않아서이다

1

좋다 아침에 뫼르소의 태양을 제일먼저 만날 수 있어 좋고 저녁이면 달달 무슨 달 좋다 좋아 날씨 슬픈 얼굴로 눈물 흘려도 둥둥 떠내려갈 염려 없고 좋다 진짜 좋다

2

이층이었다 창문 열면 참새무리 떠벌리는 소리에 가로등 하나 밤이면 고개 숙인 채 얼굴 붉히고 까마득히 높은 거기까지 오르락내리락 하다보면 발은 온통 불장난 꺼리를 만난 듯, 그래도 안식할 수 있다는 건 세상을 얻는 기쁨이다 아예 그렇게 믿으면서 문을 열면 화장실이 있다

3

가끔 늙은 고양이 아기 울음소리에 놀라지만 그 상자 속엔 지구에서 가장 아름다운 단어들이 좀 큰소리로 떠들면 어떠리 옆방에는 주인이 살고 있다 아래층은 진짜 주인이다 나는 두 주인을 섬기고 있다 하루실이 한 마리가 기를 쓰고 나의 방으로 들어오려 한다 그 틈으로

4

상자 뚜껑을 열고 밖으로 나와 땅만 보면서 걷는다 혹시나 기대감 같은 꿈이라고 말하고 싶은 것은 100원 짜리 동전을 하나 주운 적이 있었는데 곧바로 캔디바를 사먹었다 세상은 입안에서 가장 달콤한 맛이지만 땅 어딘가에 금 덩어리가 있을 거라는 믿음이다 아니면 하늘을 본다는 것이 왠지 비가 쏟아 질 것 같아서 나는 비 사이로 막가는 걸음이지만 가끔 나의 목이 아주 길어져 하늘 뚫고 그 다음 하늘 녀석의 얼굴이 어떻게 생겼는지 가야 한다는 소박한 농부의 꿈이다

5

나는 껌을 사 모으기 시작했다 입안에서 없어져 버린 세계가 끝날 때 다시 오물거리면 신발 끌리는 그 묘한 소리가 장단 맞추고 껌이 쇠고기 아니라도 좋아 그보다 더 비싸고 맛있는 고기 있으면, 배가 불러온다 아, 잘먹었어 그리고 껌을 뱉는 거야 생각 속에 머물고 있는 그 날 너를 기다리며 아예 세상을 잊을 것처럼 잠자는 동안 껌을 물고 아침이면 세상에서 제일 부자일 거야 자면서도 먹으니까 내일도 그럴 거다 오늘 저녁은 껌을 다섯 개나 씹어야지

6

항상 오른쪽 왼쪽 갈림길은 하나의 선택으로 끝을 보려고

하지만 그 틈새로 오솔길은 없는 걸까, 돌아오는 길 녘 그렇게 익숙한 그런 길에서 혼돈이다 길을 잃었다 그래 오른쪽 일거야 손을 들 때도 밥을 먹을 때도 글을 쓸 때도 손바닥에 침을 두 손가락으로 튀기는 방법은 아무래도 뻥튀기다 이쪽으로 갔다가 아니면 저쪽으로 가는 것이 아닐 진데 이제는 어디로 길을 내야하나

7

더 복잡해지기 전에 나는 세탁소 앞 비디오 가게 옆에서 세 가지 공상을 시작하면서 그 결과를 잊기 전에 여기에 기록해 두어야겠다 없었다 자기 집을 찾아가는 강아지가 보인다 그처럼 큰 그림자 땅위를 기어가다 지쳐있었다 세탁소 앞 비디오 가게 옆 가도 가도 목욕탕 앞 구멍가게 옆에 서있다

8

어디로 가는 걸까, 사람들은 아직도 어수선한 발걸음을 몰아 그들만의 길을 만들고 있지만 찾을 수 있어 가늘게 떨리는 목소리로 내 집을 묻는 거야, 가로등이 히죽거리며 웃고 있고 있다 별들은 끼득끼득 거린다 그래 높은 곳으로 가는 거야 가장 높은 곳으로

9

날개가 없는 한.
올라가야 한다
걸어
밑에서부터
긴 한숨
29 계단
28 계단
27 계단
26 계단
아찔하다
25 계단
24 계단
23 계단
반딧불로
모든 불빛이
22 계단
21 계단
20 계단
자장면을 먹었다
19 계단
17 계단

보이기 시작

자동차가 빈대로

16 계단

15 계단

쌍금탕, 히히

있소이다

내 손안에

세상이 있소이다

14 계단

13 계단

12 계단

11 계단

잠시 쉬고

10 계단

9 계단

8 계단

7 계단

생각 없어

생각 없다

6 계단

5 계단

4 계단

3 계단
천복을 타고났구나
얘, 잘 길러라
2 계단
1 계단
오르면
또
오르고
*주의
처음부터 시를 읽었던 사람은 여기서부터 다시 읽어야한다.

10

못 오를 리 없지 가장 빛나는 곳이 나의 집이 분명할 거라고 집을 나설 때 불을 켜놓고 왔을 거라는 야릇한 충동이다 어둠은 낯선 기지개를 두 손 높이 서서히 옷을 벗고 있었다 벌거숭이가 되기 전에 나는 가야한다 시간이 없어 다시 내려간다는 것은 그러기 위해선 날개가 있어야 했다 두 팔을 펴고 하늘을 담아 훨훨 흐느적거리는 작은 불빛, 도둑처럼 올라온 아침에 나의 불빛이 사라지기 전에 나의 집은 정확히 볼펜 반 쪽 거리에 있었다 그것쯤이야 양손이 날개가 되어

11
그날 석간 신문 : 사인 규명 자살

요즘

하늘에 별들은 힘없는 늙은이로 걸려있고 길거리에서 미처 물들지 않은 푸른 제복을 입은 단풍을 보면 무서워 슬슬 피해 눈썹 달로 여전히 있어야 될 것 같은 도무지 둥근 모습을 보지 못하고 죽을 것 같은 횡단보도에서 지나가는 차를 보면 꼭 미친 정신병자처럼 나비는 꽃을 좋아한다지만 올핸 나비를 꼭 잡아야겠다고 세상 모든 꽃을 꺾어야 한다는 것이 참으로 불가능하다는 것을 알면서도 히죽 웃는 모습이 불길하여 땅을 딛고 서보면 보이지 않는 갑자기 쪼개지는 허깨비를 참 신기한 전쟁 선포로 또 많은 사람들이 죽겠구나, 요즘 007 빵은 벙어리로 하다가 죽을 때만 의악 하고 음계를 그리는데 뻐꾸기는 뻐꾹뻐꾹 그 소리만으로 일평생 다른 소리 한번 못 지르고 고집하다 가고 만다 간다 아, 그렇게 가는 구나 사람들은 수많은 노래를 개소리 닭소리 곤충소리 소리 입이 열 개였더라면

세상을 여는 이야기

어딘가에 길이 있다

닫혀있는 세상은
여전히 침묵 한다
나에겐
세상만큼 큰 열쇠가 없다

어딘가에 길이 있다

어제도
그 길에 들어선다
있다한들
들어 올릴 힘이 없다

어딘가에 길이 있다

일마든지
가까운 거리지만

수없이 먼 길로
돌아선다

어딘가에 길이 있다

아직도
세상은 벙어리다
말없이 시끄러운
세상이다

어딘가에 길이 있다

가슴속 골목으로
목까지 차오르는 떨림이다
눈에 담은
세상은 아름다움이다

세상을 여는 이야기

출出

무수한 세월 다시다시 일으켜 세우려나 늘 아침이면 끝없는 시작을 서두르는 새 날, 오래 전에 준비되었던 왜 몰랐을까 날마다 방 하나씩 만들면서 홀로 사는 집엔 까마득한 벽이 식지 않은 아침에 아름다운 세상 그려볼거나 나의 벽에 바늘구멍 실바람 분다 불어 듬성듬성 솟아오르는 벽들의 정렬 슬프도소이다 슬프도소이다 벽이 허물진 자리 모질게 쎈 바람 분다 불어 일어나야지 일어나야지 비운 마음 채워주는 깨진 벽들에 관하여 또 다름도 사랑해야지 새로웁다

누군가 나를 보고 있다

강물

그 사이에 강물이 흐른다
깊은 물속으로 잠수한다

웃음

당신은 시골에 삽니다를 세자로 줄이면
그럴 줄 알았다
하여간 못 맞추는 것이 재미다
그 비밀은 나만이 알고 있다
유인촌(You in 촌)
정답이다
그래도 이해 못하는 사람은 아직도 웃지 않는다
그런 줄만 알았는데 내가 상당히 재미없다
생쥐 네 마리를 두 자로 줄이면
모두 알지 못한다는 것은
정말 웃기는 얘기다
이번만큼은 조금 성공이다
한 사람이 웃었다
쥐포(쥐 Four)

나는 아직도 먹는 쥐포를 생각한다

개미

한 마리가 보이더니
그 오징어 뒷다리에
셈할 수 있을 때까지
숫자가 필요하다는 것을
수북이 모여 있는
개미 떼
더 이상 숫자가 필요 없을 거라고
실타래처럼 범벅될 줄 알았는데
그러면 그럴수록 먹고사는 일에
나란히 나란히
개미걸음 소리가 들리면
단지 두 손가락으로
길을 여는 개미
나의 손에서 죽다

아직 갈길 멀다고 말한다

나는 갈길 멀다고 말한다

아직도 십이월이다
일 더하기 이는 삼이다
붙어있으면 삼이란 숫자는
더 이상 제 노릇을 못한다
떨어져 보아야
삼은 삼이지만
산삼은 아니다
일과 이가 붙어있어야
제대로 십이월이다
제대로 십이월이다
일월부터 안개 그늘에 사라져 가지만
없어지지 않는다
불어난 숫자가 눈에 거슬린다
그래서 나는
아직 갈긴 멀다고 말한다

이런 일

그 때부터 65년을 더 살아온 사람은 어서 말하게나 어마어마한 홍수라는데도 이것도 저것도 풍년이었다느니 발버둥, 땅은 마르다 그저그저 이해하려 소리 없는 눈물 흘러내리다 보니 온갖 소소한 것들 생각나고 그 눈물인지 왜 울어야 되는 거니 웃음 없는 가을 자락, 나도 몰라 손잡은 꼬마도 울고 어머니 눈에도 눈물은 같은 하나이다만 그래 가자가자 이건 고추 냄새야 빠른 걸음으로 커서 나는 시간 앞에 손을 들었다 사람 사람들 밀리고 농사는 아스팔트 도로 위에서 잠깐 잠깐 펑펑 터지는 불꽃놀이에 태양은 아직도 눈 한번 찡그리는 일없이 여튼 거기서는 모두 울었다 어서 커서 지금 여기 일을 말할 때 분명히 고추가 풍년이었다고만 말하거라,

꼬마야

공개수배

아직도 사람들은 그에게 관심 없는 듯 했다

얼굴 : 안경끼고 마른 편
체중 : 55.4kg
나이 : 29세
직업 : 없는 것이 분명함
특징 : 최고급 바보
연락바람 : 위 사람을 보거든, 대한민국 정부로 긴급히 연락바람

둥근원이 싫어서 일까 포물선을 그리며 단물 아직 가시지 않은 껌 철썩하고 거머리로 달라붙으면 이번엔 휴지가 가래하고 뒤섞여 떨어진다 이건 좀 가격이 비싼 경우다 이렇게 해서 많은 돈을 벌어 들였다 아직도 가을은 줄 것이 남아 한 잎 남은 낙엽까지 도로 위로 양털이불을 깔고 살아져 가고 있다

시간 속으로 침을 뱉는다

대화

우리 엄마 몸에서 좋은 냄새난다
향수 냄새 같다
우리 아빠한테서도 냄새난다
땀 냄새인 것 같다
우리 아빤 발에서도 냄새난다
이건 구린 냄새다

그것도 자랑이다

Part 3

산은 숲으로 말하지 않는다

요세미티 시편
낙엽
기억
이사
가을
꼬마¹⁰¹
꼬마¹⁰²
꼬마¹⁰³
꼬마¹⁰⁴
꼬마¹⁰⁵
길
낙서
꼬마²⁰¹
꼬마²⁰²
꼬마²⁰³
바람
하루살이
예진(사막에서의 만남)

요세미티 시편

처음 가는 길은 간혹 내 곁에 있었던 너의 얼굴이다

구름 없는 하늘은 왠지 큰 부담이지만
구름이 없어야만 깨끗하다는 건 아니다
요세미티 하늘은 누더기 옷을 입는다
듬성듬성 벌판엔 익숙한 동물이름이 친숙하다
보는 건만으로 찻집의 커피를 마시며
오르막길 작은 호수는 나그네를 쉬어가게 한다
가을에도 녹색 산이 아름다운 이유를 알 것 같지만
구불진 산등선을 힘겹게 오르면
여기는 벌써 겨울이다

겨울 숲이 길을 열면
어둠과 낮이 쫓기는 싸움이다
싸움에 지는 쪽이 길을 만들고
숲이 하늘을 덮는 법을 배운다
꽃은 향기로 말한다지만
그 꽃의 이름을 모른다는 것이 너무 쉽게 세상을 살아온 탓

이라,
저렇게 큰 바위산은 겨울이불을 준비하지 못했나 보다
바위산은 다른 호수를 머리에 이고
그 산이 아니면 떨어지는 물이 폭포를 만들지 못한다
나무 하나 없이 산이라 불리기에 어색한 이름이지만
산은 숲으로 말하지 않는다
누워있는 나무사이로 코요테*가 사람을 만나고
아이 손에 흰 물감으로 묻어난 나무
그래도 죽은 나무는 다른 산을 이루며
서로 엇갈리고 있다

죽은 것들도 아름답게 보이는 요세미티에 와 있다

*코요테(Coyote) : 북미서부 대초원의 이리.

낙 엽

가을이 걸어왔다

뒷모습에서
서늘한 약속만 남긴다

묻어온 하늘은
손끝에 있지만
한 잎 낙엽도
작은 바람에 떨어질 것이다

오늘 바람은 너무 자유스럽다

사람들의 발걸음이
유난히 빠르고
너는
어느 발밑에서

떨어질 때를 알 듯
관심 없이 사라질 것이다

그제야
사람들은 겨울을 가슴으로 말한다

이사

나는 오늘도 딸아이 데리고
문밖을 나서는데
가장 평온한 날들,
걷는 사람들 뜸들이고
유난히 태양은
이마 위 이슬비를 적신다

우유가 떨어졌다
아이가 지나치는 골목
손톱 소지하는 곳 창문에 서성이며
자꾸 내 손톱을 보잔다
아내는 너무 일찍
식당에서 일거리를 만든다

꼬마는
아직도 우리가 이층에 사는 것으로 생각하는지
쏜살같이 올라가지만
아이는 익숙한 발걸음을 옮기면서

딴 세상이다

도둑맞은 서러운 밤이다

우리 호흡만 살아있는 텅 빈 공간을 바라보며
청소기 소리 요란하지만
지난 세월은 여전히 깊은 밤이다

못질 소리
꼭 십자가 위에 누운
예수를 두드리는 그 큰 노래 소리
아내는 화장실 벽에
무언가 정리하면서 못질하지만
이처럼 낯선 나라에 와있다

아직도 아침은 오지 않는데

가을

너가 오지 않을 것처럼
여름은 짜증 섞인 울음을
내내 흘리곤 하였습니다

바람은 숨바꼭질 놀이로
어디론가 숨어 버린 지 오래였습니다

아침에 눈뜬 세상
분명 떨고 있습니다
손바닥 보다 작은 바람이
하늘을 덮습니다

더 이상 여름,
뒷모습은 보이지 않습니다
시간마다 옷을 갈아입고
나들이를 떠납니다

변하는 시절이라,

그런 줄만 알았는데
한결같은 자리에 서있는 겁니다
언젠가 꼬마는
저기 좀 봐 논이 머리를 깎고 있어
하나도 없는 게 부요 합니다

다시 열매 맺기 위해
여름 냄새가 그리울 때입니다

꼬마[101]

비슷한 꼴은 말 잇는 행복이다
아래층엔 유학생 부부가 산다
그 말 때문에 같은 생각이라는 나눔이다
그녀의 배는 좀처럼 내려오기 힘든 아득한 산이다
꼬마는 시작 없이 이모라 부른다
그 산이 무너졌다
무너진 곳엔 생명이다
예쁜 아이
꼬마야 너 동생 생겼다
동생,
이모 아기 났다
누구나 사용하는 언어다
하지만 꼬마는
이모 애기 뺏어

꼬 마[102]

아이도 그건 고통이다
삼일 째 소식 없다
괜한 심술이다
그 날 저녁
아빠, 드디어 응아 온다
화장실을 나서는 꼬마는 그처럼 웃는다
행복은 화장실에도 있다

꼬 마[103]

아내에겐 시어머니가 된다
부를 땐 시는 보이지 않는다
어머니 하지만
나도 어머니라고 부른다
꼬마에겐 나의 어머니다
어머니,
그걸 잊을 리 없다
아빠,
왜 나만 할머니라고 불러야 돼

꼬마[104]

머리가 차가워
나는 그게 아이스크림을 먹은 후 느낌이라 생각한다
하지만 다소 불안하다

낙서

그 당시는 아낀다고 간직했던 너를 먼지더미 속에 수년을 버려 두었다. 쓰레기 통으로 가거라. 버리는 나를 용서하거라.

겪어 보니 편안한 것과 그렇지 않은 것은 종이 한 장 차이다. 그 종이 한 장 때문에 인생을 허비할 시간이 내겐 없다.

잃어버린 것을 일깨워 준 고마운 전화가 있었다. 간혹 사소한 것이라도 다시 일깨워 주는 하나님 마음 같다.

떠나버린 시간은 다시 오지만 그 날 그 장소에 내가 없었다는 것이 커다란 문제로 남는다.

구겨진 상자 안에 이름 벗는 나무를 심는다.

항상 나의 생활 속에 숨바꼭질하며 어디엔가 살며시 살아있는 니는 누구인기.

나는 그때 처음 지하철로 월미도를 갔었다. 레몬차를 마셨다. 오래도록 아니 지금까지 따뜻한 레몬차였다.

소유해서 큰 슬픔이 있다는 건 내가 소유하고 있지 않아도 기쁨과 아름다움을 느낄 수 있다는 것이 아닐까.

니가 멀리 있을 때 보다 함께 있을 때 더욱 그리워(프로포즈 삽입곡 중에서).

너의 목소리는 금방 알아듣는다. 나는 말이 없다. 뒤돌아 볼 겨를도 없이 여전히 아무 고백도 하지 않는다. 약속도 하지 않는다. 그래서 하루에도 셀 수 없을 만큼 창문을 열어 놓는다. 그립고 산다. 언제나 너가 있다. 막 뛰어나오는 발걸음 소리를 듣는다. 지하철 문 옆에 기대어 서있다. 버스정류장까지 걸어간다.

꼬 마[201]

아무리 생각해도 콧물감기가 분명했다
하지만 꼬마는
엄마, 국 물 나와
아들아, 너는 좋겠다
네 몸에서 국물이 나오니
먹고 살 걱정 없겠구나
이 추운 겨울에

꼬 마[202]

아침에는 이 닦고 세수하고
아무리 노랫말이지만
꼬마는 그것을 싫어한다
여섯 먹은 종화가 세 살짜리
꼬마 이를 닦아주고 있다
엄마, 종권이가 침 삼켰어요
먹었나 보다
먹지 말아야 될 것은 언제나 달콤한 사탕 맛이다
아니야
아니야
그처럼 서러운 눈물을 본 적이 없다
나, 침 안 삼켰어
나, 침 안 삼켰어
후렴구가 들어있는 슬픈 노래다
아직도 꼬마는
예방 주사를 침으로 생각한다
그 침을 삼켰다고 하니,
서러울 수밖에

아닐지 모른다
아이에게 가장 고통스러운 고문이다
침은 침이 아니기 때문이다

꼬 마[203]

아마 김창년 집사님 집 일 것이다
눈 감으면 빛은 여지없이 굴절되어
끝을 멀리하고 돌아선다
집사님 집사님
소리 죽인 것은 어둠에서 더 큰 비명소리다
아이는 뒤 돌아오지 않는 산울림 소리에
공작이다
눈을 떴을 때
가방 속에서 나온 장난감 병정놀이가 시작된다
책상 위에 로봇들이 나란히 서있다
엄청난 일을 꾸민 것이다

기도한 후 그런 기적은 없었다

바람

바람은 흔적이다

들어올 틈 없다고 생각했는데
나는 어둠 속에 누워
창 틈새를 지나
천장아래 공중에서 시냇물 소리 같을 것이다
유난히 길었던 지난겨울
어둠은 늘 그렇듯
바람은 자기의 존재를 흔들리는 소리로 말한다

바람을 만난 자리는 언제나 소리가 있었다
냉혹한 밤이면 더 아우성이다
모든 걸 다시 수정해야 될지도 모를
언제부터인가 그걸 바람 소리로 착각하며 살아왔다

지금
그리움으로 바림 끝에 띨어시는
낙엽은 열매 익을 계절을 미리 보듯 소리를 내고 있다

창문을 만나면 달그닥 거리는 소리를 만들었다
파도에 손을 내밀면
한 마리 작은 새 휘저어 가는 물결 언덕 위에서
마음까지 가득 바다는 또 새벽을 기다린다
또 누군가를 만나기 위해
반드시 만난 자리는 흔적을 남긴다

바람은 맑은 영혼이다

하루살이

산다는 건
짧은 거야

내일이라는
불확실성

내몰라
내몰라

땀범벅
여름하늘

스치는 밤별
오늘만 있어

하루만 살자
하루만 살자

예 진 – 사막에서의 만남

예진
그 이름을 아무 생각 없이
머릿속 그늘진 곳에
가두어 둔 것은
아마 허준 때문일 것이다

그녀를 만났다
그녀의 아빠를 만났다

그러면 그럴수록
자꾸 종권이가 눈앞을 지나가는데
예진과 종권이가 살아가는
세계를 계산하려는 우울한 추락이다

벌써 종권이는 사 년 동안 이 지구를 여행 중이다
예진이는 일 년을 앞선 다섯 해의 기억을
숲과 바람 사이 놀스케롤라이나에서 시작하고 있다

너무 단순한
종권이 보다 더 큰 그녀를 계산한 것이다
예진이는 어설픈 바람에도 흩날리는 작은 씨앗이다
끝내 묻지 못한 것은
그만한 눈치 때문 일 것이다

다섯 살 예진이가
아빠 좋겠다
왜
나 같은 예쁜 딸이 있으니까

예쁘다고 생각하는 예진이가 고맙다
그녀의 아빠는 행복이란 말이 어울린다

나도 한동안
그녀로 인해 가득한 웃음을 꿈꾸는 것은
오래 전 만났던 여름 사막 끝에서
어린 왕자는 발걸음을 옮기는데
더 이상 외롭지 않을
어린 공주 때문일 것이다

나는 그녀를 다시 만날 것이다

시작노트 : 나는 비행기 안에서 단숨에 '예진'에 관한 시를 써내려 갔다. 그리고 자꾸만 "나 같은 예쁜 딸 있어서 아빠는 좋겠다"고 한 예진의 소리를 가슴에 담아두려고 애를 썼다. 그리고 이다음에 예진이가 성장해서 '그녀'가 된 후 사실 나는 예진이를 보면서 벌써 커버린 그녀를 생각했다. 계속해서 아빠에게 그 말을 할 것이라고 확신했다. 사람에게 혹은 이웃에게, 사랑하는 사람 앞에서 "나 때문에 좋은 세상"이면 이 세상은 한번 살아볼 만한 가치가 있는 아름다운 세상이다. 그러면서 나는 "하나님은 나 때문에 좋겠다"는 계산을 꼼꼼히 따져 보기로 했다. 만약 "나 때문에 하나님은 불행할 것이다"는 생각을 하면 아찔하다. 분명 성경에도 이런 기록을 남겨두고 있다. "그(하나님)가 너로 인하여 기쁨을 이기지 못하여 하시며...너로 인하여 즐거이 부르며 기뻐하시리라(습3:17)." 그래서 예진이의 고백이 사랑스럽다.

Part 4
파리는 죽기위해 날다

번호
상자 [101]
상자 [102]
상자 [103]
상자 [104]
상자 [105]
상자 [106]
보이지 않는 것들에 관하여
파리
징검다리
길¹
길²
산
그날
소망
봄
사막에서의 편지 (C. 카레토'로부터)
바다 갈매기 떼

번 호

내게 있어 가장 좋은 시간은 남에게도 그럴 것이다 축 늘어진 번호표를 뽑고 135번을 부를 때까지 번호 사이사이로 앞선 사람들은 사라지고 자기 번호를 부를 때마다 기다리던 사람은 훌쩍 일어나 번호를 조립하며 그들도 사라질 것이다 입으로 주문을 외우는 동안 듬성 듬성 빠져버린 번호로 이제는 안다 하면 할수록 대충 살아야지 가장 평범하게 사는 것이 특별하다 힘들게 사는 방법이란 걸 의심하지 않을수록 계산과 상관없이 기다리는 것과 버리는 것을 혼동하며 이제 몇 번호만 사라지면 내 번호가 선명한 유리벽을 허물고 135번 일어서면서 오른손에 두 번 접힌 종이 위에 일과 삼과 오를 하나씩 확인하면서 여기 있지도 않을 장소에서 번호를 기다리다 사라질 것이다

다시 내 뒤로 기다리던 사람들도 사라질 것이다

상 자 [101]

당신은 지금 순간 밖으로 나가 길 건너 민둥산도 없는 곳을 향해 소리 높여 속삭이다 뒤돌아 오는 소리에 섞인 가구점 점원과 사랑에 빠진 것이 웃음 속에 있다 두 세 계단 높이 들리는 목소리가 날카로운 칼이 되어 웃을 땐 이미 웃음이 아니라는 것을 그녀를 지켜보면서 꽃은 이미 아름다울 수 없다는 계절을 지나 그를 만났다 살며시 단 한번만이라도 그저 평범한 일상의 소리를 기대하건만 손가락 하나 어깨 위에 올려놓을 만큼 바로 뒤에서 나를 부르는 목소리는 내가 경험하지 못한 세상에서 가장 무서운 단어를 서서히 삭히는 동안 죽이 되고도 남을 그릇 안엔 세상이 무너지는 전쟁이 끝처럼 다시 시작되고 단 한마디 없이 탁자에 기대어 그 사람은 두 눈만 황소걸음으로 꺼벅이며 하루해가 죽을 때까지 응시, 간혹 오른쪽 다리를 벽에 붙일 뿐 여전히 입은 닫혀있고 공간틈새까지 이어가는 온몸을 털며 옷걸이엔 작은 것 큰 것 어린아이부터 어른을 지나 할아버지 할머니 보고만 있어도 야릇한 상상을 추월하는 속옷에 이르기까지 죽은 시신들이 걸려있고 그대는 옷걸이에 걸린 시신들을 보기 좋게 다듬어 벽에 걸기도 하며 혹 지나가는 사람들이 놓칠세라 유리벽에 가두면서까지 호흡을 조절하지만 문을 열고 들어서자 마자 무심코 지나쳐도 눈에 띌 수밖에 속옷 입은 시신들이 고개 들고 나는 다시 제자리로 돌리기엔 이미 그 자리를 잊은 지 전설이 되고 온 몸으로 언어를 만들며 그 녀석에게 주고 나면 먹는 것도 잊어버린,

세상은 이렇듯 엮어지나 보다

상자 [102]

굳게 엉킨 상자 문을 성큼 성큼 소리도 없이 사라져 버린 시간 속에 지금에서야 문득 요즘 같아서는 입에 넣어 단물 사라진 껌을 쭉 늘어뜨린 하루의 마지막 고개 넘어 어둠 속으로 껌을 뱉는 그 빛이 사라질 때까지 안에서 묶여있던 거미줄을 오른 손으로 밀었다 당기면서 이미 입 열고 있던 열쇠구멍으로 거미줄에 걸린 오늘, 그 하루를 묻고 나면 다음날 아침 비스듬히 누워있던 상자 문을 다시 열기도 전에 상자 속으로 들어가기 위해 헤친 틈새로 기다리는 사람이 있다는 것, 다시 돌아올 것 같아 그 자리를 비우지 못해 남몰래 등 뒤에 서서 얼굴이라도 놓칠세라 물먹은 가슴 접었다 폈다 그 기억 속으로,

당신이 눈뜬 곳에 항시 내가 있다

상자 [103]

라디오 방송에서 흘러나오던 단어의 나열 어디서든지 친숙한 것들 그것은 무엇을 뜻하는 것일까, 이미 머문 그 날의 기억을 식탁 위에 놓인 죽어간 생선회 꼬리부터 머리까지 다듬으면서 상자 안에 있던 그 날의 단어들, 아줌마 A급 119 2% 효리 수 삼순이 에이스 Best 중독 VIP 영파워 색다른 느낌 사랑이네 체리향 넘버원 바비걸 탤런트 캠퍼스 물 무엇을 말하려는 같은 의미일까, 적당히 섞인 영어단어 상자 속 흐릿한 기억의 먼지 아침, 신문에 시간을 미리 정해놓은 그물에 걸려 일어나면 숫자가 증가하더니 여기를 떠날지도 모른다 고향 뒤편 새로운 시작이 여기라 더니 작은 상자 속에 그녀들은 숨죽이며 꽃이라는 이름을 위해 허리 꺾여 길을 걷다가 알다가도 모를 꽃을 보거든,

나만의 이름이라도 붙여 놓을 상자를 닫는다

상 자[104]

바람 들어설 자리도 남겨두지 않고 세상과 굴절되지 않도록 묶여있던 갈색머리 유리벽위로 사막에서만 볼 수 있던 바람 흔들리는 대로 물결 만들며 밖으로 나갈 수 있는 모든 문을 닫고 나면 벽 한 모퉁이에 고개 뻣뻣한 단춧구멍 거북이 목 안으로 밀어 넣던지 닫힌 상자 하늘 힘없이 바라보며 시원한 바람 불러 모으던지 모든 갈 길이 막혀있다 단절될수록 여기 세상은 겨울 추위를 견디며 밝은 사람들 얼굴위로 굵은 시냇물이 흐르고 허리에서부터 목으로 가는 길에 소금 벽돌 쌓이면 기둥 뚜렷한 속 살 견딜 수 없는 이 여름 깊어지면 질수록 죽어 가는 사람들 그들만이 누울 수 있는 상자도 없이,

나는 그 여름에 가장 지독한 혼자였다.

상자 [105]

땅에서 올라온 흙먼지 황금비늘 이슬 되어 되돌아오는 동안 먼 기억 속 고향에 머문다 등굽은 어둠 속에서 휘리릭 꼬리 열 개 달린 여우 언덕 위 가장 하늘과 다을 그리움으로 오늘도 뒹굴지만 가면 뒤 숨은 그림자 그 언덕 덮을 때까지 사방에 흩어진 날개 그 이름을 여우고개라 부르던 흙먼지조차 묶어둔 아스팔트 고개 떨군 가슴에 눈썹 반월 그을린 운동장 그 자리에 번듯한 괴물이 살고 있다 사라진 것들만큼 자란 나무 숲 유년의 기억은 나이테 속에 있다

상자[106]

성도, 언뜻 이름 같다 죽어간 사람의 이름 위 한차례 간격을 두고 띄엄 띄엄 떨어져 내린다 올핸 두 번이나 TV 속 억장 무너지는 사람들의 슬픈 모양에서 하늘로부터 호랑이 시집가는 날 아침, 목욕탕에서 두 번째 흰색 수건으로 온몸 어딘가에 있을 물방울 털어 내려할 즘, 서넛 사람 알몸으로 최진실 죽음에 관하여 거 이혼한 애 있잖아 축구선수하고 결혼해서 아닐껄 야구선수 아니야? 이럴 때 귀를 의심해 보는 거야 왜 죽냐 거 미친년 아니야 아닐 거라고 믿고 싶지 않을 때 제자리 돌기 등 뒤 손쓸 겨를 없었던 한 방울 바닥으로 추락하며 없었던 무엇인가를 흔들어야 한다 흔들림, 대게 어떤 음료들은 흔들어야 제 맛이다 병속에 내려앉은 세상은 지금 내 손안에서 흔들리고 있다 하물며 가을 아침도 휘청, 진실 없는 세상 50대 아저씨도 그 길로 갔다 똑 바로 걷기 힘든 통나무 다리를 건너가고 있다

성도(聖徒), 다리건너에 있는 이름이다

보이지 않는 것들에 관하여

문득
나무는 내 키보다 높은 곳을 한 발자욱 움직이고 있었다
보이지 않게 자라는 나무
눈에 띄지 않게 성큼 커 있었다
견딜 수 없었던 상처는
그늘에서 커있는 나무를
두 팔로 휘어 감고
비로소 나무의 숨소리를 들을 수 있었다
보이지 않게 버려진 시간들
커있는 나무 잎 새 사이로 영글어 가는 동안
기억까지 묻어둔
보이지 않게 자라는 것은
일어서게 하는 보이지 않는 손이 있다
그 사이로 먼지 한 조각 비틀거리며
앉을 자리 찾고 있었다

파리

하염없이
날아오르는 곡선 끝에서
엉킨 실타래를 풀고
다시 치솟는 날개 밑에
숨죽이며 소리 없이 날개 접다가
순간 속력으로 파리채를 낚으면
하나, 둘
저 밑은 무덤도 없이 죽어간
검은 무늬로 옷을 만들고
어쩌다
허공 높이 한바퀴 뒹굴다
파리채 틈새에 끼어
그 날로 이별을 고할 때까지
죽어간 자리 위로 슬픈 가락을
이야기하는 것이라고
믿음이 무너진 것은
성큼 성큼 소리도 없이
같은 길 허공에서

휘 익

파리는 죽기 위해 날다

징검다리

세월은 물줄기에 묻혀
숨소리 없이 흐르건만
알 수 없었던 누군가에 의해
잠시,
휘돌아 가는 안식처를 만들어 주며
역겨운 바람과 물결에도
흔들리지 않고 그 자리에서 반듯하다
그토록 오랜 시간을
견딜 수 있었던 것은
누군가,
그 길을 밟고 지나가기 때문이다
비틀거리며
하염없이 흐르는 눈물로
날마다,
자신의 알몸을 씻으며
한 번도 만날 수 없었던
새로운 인연을 위해
뒤틀 거리는 아슬한 순간에도

기다림에 지쳐
말없이 누워있다
저기 저 멀리서
누군가, 오고있다
발길을 옮기는 사람이 있는 한
여기에서부터 저기까지
늘 그렇듯

새로운 길을 만드는 것이다

길 [1]

넓은
시간에,
기대어 가다 보면
뜬눈으로 수없이
뒤를 훔친 가슴에
푸른 멍석을 깔고
시계바늘에 걸터앉아
시간보다 앞서거니
거북이 노 저어 기어가는
틈을,
비집고 달리다 보면
눈 덮인
하늘 산 오르는
이름 있는 새
길 옆,
누군가의 손끝으로
입을 열어 웃는
단 한 번의 고백을

듣지 못하고

끝이 보일 것이다

길 [2]

좁은
시간을,
등에 지고
조각난 시간을
천천히 아주 꼼꼼히
바느질하다 보면
벌써 여기가
세월 잇는,
뒤돌아 볼 필요 없이
오직 바라는 한 걸음
눈에 띈 적 없었던
너로 인해
온 세상이 눈물로 젖는다
누군가의 호흡을 먹고 자라며
긴 세월로 기다린 만남을 위해
고개 숙인 채로 너의 키만큼
안으로 안으로
세월 묻은 얼굴을 만난다

한번,
긴 숨소리에
놀란 하늘이 누더기 옷을 벗고
시원한 강바람이 걸려있다
바람 타고 미끄럼질하며
두 손을 접었다 폈다
헤엄치는 노래는
곡조 없는 그림이다

끝이 없는 시작이다

산

더 이상 오를 것이 없어야
내려가는 것이 아니다
길과 길 사이
꼬리로 이어지지 않아도
잠시,
뒤돌아
닫힌 것들로 인해
저, 끝
저, 아래 보이는 땅은
언제나 괜찮은 곳이다
산은 내려가라고 있는 것이다
날개 없어도 내려갈 수 있는 길은
실바람이 고여 있는 작은 흔적이다
산은
위로 위로만 오르는 것이 아니라
아래 저 밑으로 내려가라고 있는 것이다

그 날

그 전화는
영화의 시작을 알리는 기대감이었다

앞뒤로 비껴가는 영상
사라지고 있는 쌍둥이 빌딩[1]에 관한
목소리는 다소 떨고 있었다

어디선가 많이 본 듯한
익숙한 그림이
또 한 번 아주 잠깐 스치는 도중
목 긴 입에서 올라온 검은 연기
산 중턱에서부터 하루를 접는
오늘
황금빛은 마지막 이별을
메아리 없는 소리로 무너져 내리고
너나 할 것 없이 앞으로 달려간다

언뜻 보면 졸업식에서 뒤집어 쓴

흰 밀가루 사이로 웃는 모습을 기대한 것은
설명할 수 없는 슬픔
표현할 수 없는 공포
전달할 수 없는 얼굴
살아있다는 것이 한순간 멈춰버린
가장 잔인한 흔적을
내가 본 영화 이래로
마지막 장면으로 이어간다

땅과 하늘을 무대로 펼쳐낸 최고의 걸작이다[2]

막이 떨어지며 올라가는
이틀 뒤 넘어 속편이 제작되고 있다
그대로 앉아 있기로 했다
없어진 눈물 때문이다

그 전화는
영화의 시작을 알리는 기대감이었다

1) 2001년 9월 11일(화) 테러로 붕괴된 세계무역센타를 말함
2) 독일작곡가 칼 하인츠 슈톡하우젠(73)이 이번 테러 사건을 평가한 것임

소망

말없는
사람이 들어왔다
듣는 귀로 세상의 언어를
손으로 연결하고
휠체어엔 말을 이어주는
컴퓨터가 놓여있다
예, 아니오
가장 흔한 언어의 휴지통
입을 열지 않아도 간단한 몸짓으로
생각의 상자를
아래, 옆으로 돌리면 그뿐이지만
손이 떨리고 그처럼 느린
한동안 자음과 모음이
힘겹게 만나는 인연을
곁에서 지켜보는 한계를 넘어
세상에서 가장 흔한 것이
가장 어렵나는 것을
화면에 선명한 글자로 모아진

예, 아니오
밖을 나서는 동안
큰 눈을 한 번 꺼벅이며
힘겹게, 힘겹게
오른 손이 하늘을 쪼개는 것이
다시 만날 수 있을
약속의 언어로 기억하려는
하루만이라도,
말없는 세상을 꿈꾸어 보는 것이다

봄

아직도
저 산머리에
흰머리 덮어쓰고
주름진 계곡 따라
아무도 모를 눈물
흩뿌리는 동안
얼룩진 흙색머리
없어진 것들과
죽음 같은 것들에 관하여
아무 희망이 없어 보일 때
끝자락부터 물든
녹색 파도
산머리까지 기어오르며
한 올 여문 마지막 눈물까지
닦아주고
기다려야 할 때를
보이는 것들로 실망할 수 없다는
계절을 묻고

하늘 뒷자락에 숨은 그림자조차
녹색이다

녹색이다

사막에서의 편지 ('C. 카레토' 로부터)

끝자락까지
감추어 버린 바람 불면
사막으로부터 허리 잘린
모래,
낙타 등 골짜기 사이로
몸을 기대고 흩어지지 않도록
일어설 수 있을 때까지
사막의 밤은 침묵이다
언제나 침묵 속에 살고
더위먹은 어둠은
한 낮,
낙타 등 골짜기로 흐르는
모래로 몸을 씻고
다시 침묵을 벗으면
물을 마시던 한 사람
입술에 떠오른 미소는
사막에도 길이 있나
발걸음의 흔적을 남겨두지 않고

없는 것으로부터의 자유
사랑은 무엇을 주려는 것이 아니라
아무것도 소유하지 않는 것이다
필요해서 있는 것조차
나는 아무것도 할 수 없다
사막의 모래를 세며
작아지면 질수록
누군가는 더욱 뚜렷하다
사막에서 길을 잃거든
더 이상 애쓰지 말고
밤을 기다리면
사막의 별은 잃어버린 길을
되돌리는 흔적으로,
그곳에 갈 수 없거든
한번은, 가슴 마지막 자리에
사막을 만들어야 한다

바다 – 갈매기 떼

희미한 회색 빛 그늘에도
갈매기 떼는 변함없는데
언제부터인가,
그다지 클 것 같지 않을 배
휘청거리는 바다 위를 누워
끊어질 울음을 토해내면
갈매기는 위 아래로 날개 저으며
움직이는 작은 섬에 나무를 심었지만
허공에서 몸부림치며 떨어지는
새우깡을 받아먹는 갈매기는
살아가는 또 다른 이유를
즐기는 동안
익숙한 것에 대한 버릇이다
아니면
떨림이다
먹이 찾아 소리 내는
아주 먼 옛날을 지나
눈앞에서 상상하는
허망한 꿈이다

Part 5

시간의 바람타고
서쪽으로 고개 숙인 하루

기업을 위한 간구
마지막 1999
만남
이곳에서의 시작^{始作}(혹은 교회를 위한 간구)
간구
다른 아침
가정을 위한 간구
여행
꿈
포도원과 작은 여우
비전 Vision
선물
부활
빛과 어둠
감사의 서시

기업을 위한 간구

시작을 여는 아침에
지키시는 주님의 거룩한 손길이
기업을 허락하신 이 장소에
오고 가는 걸음
즐겁고 좋은 날 되게 하시며
외롭고 지친 사람 쉬어 가는
따뜻한 한 그루 나무 그늘 되게
날마다 지경을 넓히시고
주의 손으로 열고 닫는 하루
끝없는 마음으로
절망하지 말게 하시며
돌아서지 말게 하시며
이 기업이 한없이 잇닿은
하나님 손에 드리워진 소망으로
그 손길
그 길에 작은 행복에도 감사하며
이곳,
기업을 통해 준비하신

복의 근원이
여기서부터 영원까지 넘치게 하소서

마지막 1999

이젠
더 이상 갈 곳 없이
눈만 뜨면
끝으로 끝으로 몰리고
그래 여기까지
가만 있어도 오는 길이라

서운한 나는
그토록 많은 시간을 쌓아두었는데
벌떡 일어선 길은 벽이 되고
넘어서기 위해 날개가 필요하다
두 팔 아래로 하늘을 감추지만
더욱 총총 걸음이라

은하철도 999
마지막 열차엔 보이는 사람 없이
여기서 뒤만 돌아본다
어쩔거나

도무지 결실 하는 한 단어조차
생각 속엔 한바탕 전쟁이다

여전히 그 안에서
손에 잡히는 것이 없다해서
슬퍼하거나 놀라지 마라
나를 기뻐하는
우리가 정말 즐거워하고
기뻐하지 않을 수 없었다

만 남

이처럼 먼길 오셨습니다
약속의 빛줄기 따라
그 먼 곳에서부터

길 떠나는 여행이지만
생각의 파고는 높은 산을 오르고
어디도 없다 그러면서 이럴 수는 없다
마음 주는 일처럼
바다 담는 그릇되어 작은 세상입니다

넓다는 것으로
만남이란 무너지는 조각 조각
그림 그려놓고
다시 이럴 수는 없다 하지만
작은아이는 그처럼 밝은 웃음입니다

세상이 아직도 아름다운 것은
보는 눈에 그려지는

세상 때문만은 아닙니다
자꾸만 자꾸만
그 날 만났던
아이의 기억을 쉽게 잊지 못하는
가장 낮은,
임마누엘
하나님이 우리와 함께 계시다

이곳에서의 시작 始作
― 혹은 교회를 위한 간구

자꾸만 뒤를 돌아보고 있습니다
이전보다 더 끝없는 감사는
그때 그 장소 시간 속에 머물고
주님이 이름한 교회로
변함없이 설 수 있었던 것은
바로 처음부터 주님이 있었기에
힘든 언덕을 걸어가면서도
즐거운 찬양은 꼬리를 물고
뚜껑 없는 눈물 항아리
기쁨의 그림자 밤길에도 쉼터 되어
하나님, 이 모습으로
기도하는 목소리 담 장 넘어
이웃에게 열매 나누어주는
이 시대에 흔들리지 않는 외로움도 견디게 하시고
우리가 살아가는 사랑의 등불로
태양이 머물게 하시며
말씀으로 듣고 말씀으로 보고 말씀으로 말하며

우리에게 주어진 고유한 사명이
교회가 존재하는 이유 되어
주님의 시작과 끝이
여기 교회를 통해 뜻을 이루며
그 주님의 열심에
무릎으로 부끄러움 없는 고백을
다시 오는 시절에도
오직 주님만 바라보는 해바라기 시편,

올곧은 교회로 주님이 세우소서

간구

더욱
순결한 입술로 만들어 가는
당신의 몸짓 손짓되어
다시 오는 내일의 시간에도
그 자리,
겸손으로 서 있는
앙상한 나무가지에 수확 없어도
신실한 하나의 열매 위해
무릎으로 뒤돌아보는
감사의 언어
낡은 외투 벗어버리고
내려가는 걸음,
걸음 되어
낮아지게 하시며
높아져도
골고다 정상까지만 그리 하소서
사랑을 나누는 복된 만찬
내일이 오는 그날에

또 하나의 시편으로 드리오리다

다른 아침

사실 아침은 항시 그 자리에 기쁨은 고통이 없을 때 사랑한다고 말하면 모든 것을 용서할 수 있을 거라고 그리워하는 마음으로 사랑을 말하고 소망을 꿈꾸는 것은 고난이 없을 때 아름다운 세상을 그리는 것도 작은 언덕조차 없는 평평한 대로에서 위로의 말은 능욕의 자리에선 저만치 아주 저만치 꼬리조차 보이지 않는 발을 보이는 것은 겸손이 아니라는 생각으로 그 날이었다. 발이 씻기어져 내려간 도랑에는 숨막히는 놀이가 포도주와 떡은 맛있는 음식으로만 더듬어 올라가는 기억은 찬미의 노래였지만 세워진 나무 위에서 목마르다는 소리, 알고도 모른다는 고백은 죽음 혹은 절망이라고 세 번 닭이 울었다 오늘도 그 아침을 맞는다 단지 바다근처에서 다른 아침이다

가정을 위한 간구

하나님,
가장 먼저 생각하는
이 가정 위에
하나님의 호흡으로 충만하게 하시며
기억 속에 머물러 있는
아름다운 언어
부모가 자녀에게 자녀가 부모에게
나눔의 쉼터 되어
은총으로 열매있는 사랑 나누어주며
있어야 될 것 더욱 풍성해 지는
그릇으로 가득한 소망하는 꿈
이루소서
이루소서
그 비밀이 크다고 하였습니다
그 사랑
가정 위에 넘치는 폭포수
한없는 자손들 기입 되어
순간마다 감사 평화 기쁨

가슴으로 열고 닫는
하나님이 준비한 놀라운 계획
이 가정을 통해 물결 되어
쓰러지는 바람결에도 노래하는
감사의 찬양
말씀으로 가꾸는 한 그루 나무
언제나 사랑이 있는
그 자리에서도 인내하고픈
주님이 이 가정에 주인 되소서

여 행

이젠
2000이란 숫자에 익숙해지기 위한
걸음이다 문을 연다
계산된 시간이라
구분하는 작업은 여전하다
사랑하는 그분의 시간은
동일하게 날마다 새롭다
신선하다는 것은
문을 여는 그분의 큰 손 때문이다

그래
길드려진 것에 대한
슬픔을 버려야 하는 것은
슬픔은 슬픈 것만은 아니다
나는 오늘 무척이나 부서진다

모두 다 새로운 어떤 약속이
미리 가보는 내일이다
그 사이 사이 섬이 있다

눈물위로 걸어가는 그분이
다시 돌아온다
그래 떠나는 거다

꿈

짧은 밤
벌거숭이로 다가선
당신의 거치른 숨소리에 눈을 뜹니다
허허 빈 들
또 한 번의 꿈을 꾸자고
밤을 재촉 하지만
눈물안개 고랑 사이로만 흥건합니다 그려

사람들은 꿈을 아쉬워할망정 잊고 삽니다
누구라도
두 눈 홉뜨고
살아보려는 아우성에
삭혀지는 그림자는 오늘도 키 크고 있습니다
그대만을 사랑한다던 가슴
겨울 찬 서리로 매를 맞고
붉게 멍들어 버렸습니다

해도

사월 이맘때면 눈을 감고 있습니다
아홉 손가락 사람들이
꼬집는 아픔은 아픔이 아닐 진데
한 영혼
하나의 사랑으로 그려가고 있습니다

사월
그 사랑이 새 생명을 잉태하고 있습니다
격한 감정으로
몸서리치는 울음소리에
더 덩 쿵
한 어깨 어깨가
하늘로 솟구치며
이제사
당신을 꿈으로 사랑하였다 함은
찾느니보다 기다림이 더한 아픔인 것을

포도원과 작은 여우

그리 오래되지 않은 때의 일입니다.
계달의 장막^{帳幕}같고 일광^{日光}에 쬐어서
거므스름한 술람미 여인과 솔로몬은
포도원을 두고 서로의 사랑을 약속하였습니다
포도원에 꽃이 피고 있습니다
포도열매 위한 마지막 산고의 고통은
웃음꽃으로
눈이 부시도록 활짝 웃고 있습니다
하나님의 다사한 은혜의 호흡을
받고 있는 듯 합니다
언덕 넘어 어둠이 밀물로 다가오면
이젠, 잠을 청할 시간입니다
긴 잠
다음을 위한 수고의 노력입니다
바람도 없습니다
이따금씩 푸드덕거리는 새 깃의 소리가
히공에 물김을 칠하고 있을 뿐.
그 때입니다

꼬리 열 개 달린 끼 있는 여우가 아닙니다
작은 여우가 포도원 담을 넘고 있었습니다

비전 Vision

가파른 언덕을 넘으며
지금,
여기까지 살아남을 수 있었던 것은
하나님의 은혜입니다

뒷걸음에 접어둔 시간을
너무나도 아쉬워하면서
일순간 좋았을 때를 기억하는 것은
다시 오르기 위한
하나님의 약속입니다

이처럼 좋은 날
자꾸 슬퍼지는 눈물은
하늘 바다로 흐르고
좀더 했었더라면,
드릴 것 없는 하루가 지나가지만
앞선 주님의 손길은
아직도 기다리는 하나님의 열심입니다

더 이상 밤이 오기 전에
아침처럼 서두를 필요는 없지만
오르고 있는 이 언덕은
누군가 발걸음이 없어도
그 높은 곳에서 바라보는 세계는
하나님이 이미 건네준 출발, 출발입니다

다시,
눈에 익어 가는 세계는
가만히 있어도 바람은 불지만
그 가벼운 걸음으로
아직도 먼 저 산을
하나님은 마구 가라 하십니다

선물

아무리 아름다운 것이라도
선물 포장지엔 관심이 없습니다
속에 무엇이 들어 있을까,
기대하는 것은 포장지 속세계입니다
당신에게 받은 많은 선물 가운데
마지막 꾸러미를 열어 보려는
성탄의 아침입니다
지구에서 가장 아름다운 선물입니다
바로 당신입니다

빛과 어둠

한번은
빛이 굴속에 사는 어둠의 초청을 받고
방문한 적이 있었습니다
어둠이 살고있는 동굴은 높은 산꼭대기에 있었습니다
빛은 아침부터 어둠이 있는 곳을 찾아 나섰지만
동굴 근처에 도착한 시간은 깊은 밤이었습니다
그런데 참 이상하지요
누구에게도 알리지 않고 떠난 여행인데
세상 모든 사람들이 알고 있었으니까 말이에요
어쨌든
동굴 속으로 들어선 빛은 어둠을 부르기 시작했습니다
그런데,
불러도 불러도 어둠은 대답이 없었습니다
빛이 어둠을 찾아 온 동굴 구석구석을 다녔을 때
동굴 안은 온통 밝게 빛나고 있었습니다
이상한 일이야
빛이 중얼거리고 있을 때
동굴 구석진 곳에서

아주 조금 남아있는 어둠을 발견하게 되었습니다
어둠아,
어찌된 일이야
너가 이렇게 난장이가 되어 있다니

감사의 서시

다시 올 것 같지 않을 이런 시절에
실바람에도 흩날릴
가을 뒤편 나무에 서성이는
한 잎 낙엽에도 감사하는 계절이 되게 하시며

사라지는 것들로 슬퍼하지 마라
사라지지 않을 것으로 인해 소망을 고백하는
기쁨이 되게 하시며

추수한 들녘 더 이상 수확할 수 없는
텅 빈 공간에서 아픔까지 사랑하는
고백이 기도되게 하소서

없어서 있어야 될 것으로
너무 기뻐하지 말게 하시며
있는 것으로 날마다 감사의 노래가 되게 하소서

보이지 않는 이른 새벽까지

아침, 잎 새에 우는 이슬로
가을에서 겨울눈꽃 될 때까지
눈물로 감사하게 하시며

날마다 동쪽 산머리에 올라
시간의 바람타고 서쪽으로 고개 숙인 하루
하루 살아가면서 사소한 것을 잊힌
여백위에 한 줄 엽서 띄우는
그리운 사람으로 사랑하게 하시며

바다 끝으로 멀어지는
황혼의 아름다운 노래가
내가 살아가야 할 존재의 이유되어
온 세상을 넉넉히 비추는
아름다운 감사가 되게 하소서

Chapter 6th

For you only

Light and Darkness
Difference
Sea
A Drake
Reminiscence
A wisdom Tooth(Love Tooth in Korea)
6 Poems Thinkable
Confession A declaration of love
For you only
Flower(Please, someone put a more meaningful for the title)
The Train
A little Teacher

Light and Darkness

Once, upon invitation,
Light visited Darkness,
Who lived in the Cave.
The Cave
Was hear the top of a high mountain.
Beginning early in the morning
Light searched out the places of Darkness,
But
It was already getting very late,
When Light arrived near at the cave.
However, Strangely enough,
Even though nobody was informed
About the journey of Light,
Everyone was aware of it,
Now
Having gone into the cave
Light began Calling Darkness.
However, inspire of countless calling

Darkness didn't respond.
While Light spread from corner to corner
In search of Darkness.
The Cave was blazing with Light.
"I wonder what happened to Darkness."
Light said talking to himself.
Then in the very corner of Cave
He noticed a tiny bit of Darkness.
Darkness,
What happened to you?
You' ve become no bigger than a dwarf.

Difference

A cat likes a mouse

Very, very much.

A cat without a mouse

Is like a sky without the sun.

But

A cat never, never

Loves a mouse

Sea

Salt dust
On my back
Everyday
Continuously
Visiting me.
Long arm
Surrounds me,
Giving me a hug -
A Salty
Smile of eyes.
Because of your
Existence
I
Still
Stand alone.

A Drake

Life is
Short,

And tomorrow
Unpredictable.

I don't know.
I don't know.

Mess of sweet
Summer sky,

Rustling night stars
I have only today.

Live only one day.
Live only onc day.

Reminiscence

Not even for one day,
Does it leave me,
Following me as a shadow.
When it is bad weather
For a moment, disappearing,
And then
Filling up my mind again -
Reminiscence.
Sometimes it laughs.
Sometimes it cries.
It is well tamed,
One piece of my work,
Which only I can appreciate.

A Wisdom Tooth ^{Love Tooth in Korea}

I shouldn't have met you
In the first place.
That
Meeting in the corner,
Several times everyday,
When you demanded love.
It was a pain from the beginning.
Please stay away from me.
I don't really love you.
Forcefully,
I pulled out.
It will be fine.
Now it will be fine.
But why am I shedding tears?
It is a false imagination, that,
I have nothing to do with you now.
Your empty place gives me great pain.
Why?

6 Poems ^{Thinkable}

1

Teacher, teacher,
A little boy called.
Such a pretty teacher's face
Why so many mosquito bites.
That teacher suffered severe
Acne chains on her face.

2

Her ring reminds me
Of an engagement ring.
When she has a date with me,
Sometimes on her left hand,
Sometimes on her right hand
I find the ring.

3

When I see the sky now a day :
Soon Jesus Christ will com down to earth.

4

In truth,
That child doesn' t know his letters and numbers.
Still, after he stares at the watch
For long time, he whispers in his elder' s ear.
Now the night will arrive, right?

5

The elder hits a litter boy' s palm.
"Stop it. I'm hurting.
Now that I' m hurting, why do you hit me?"

6

A peach tree in the courtyard of the church.
Only one peach was getting ripe.
I thought it was only I
Who saw it ripen.
But this person, and that man, saw it.
Such a good sight and delicious looking,
Will someone other than Adam and Eve
Pick it off!

Confession _{A declaration of love}

Fall
When I first saw you
That was what love is.
Destiny is ahead of
Human relations...
What should I do.
What should I do.

The world is a stage :
you are an audience of me.
This first performance
Could be the last one.
For I love you,
I suffer days and nights,
And can't help praying.
I wish you to receive my truth.

I am a mute who sings with his hands.
I know it's not easy
To make a confession

With the voice of an amateur poet.
But, now I sing
On the musical notes of love.

"Confession could only lead to
Another confession."
Said they.
"Love can be done twice
Or three times."
Said they.
But, even though, it's out of date,
Even though,
I cannot hear your clapping
When the curtain is down,
Loving my song,
While I lived in this world,
I fell in love.
This cannot be done twice.
With the feelings of an ancient poet,
I will step back.

Hear my confession in peace.

For you only

For you only,
I want to be sincere.
In front of the diminishing light,
I want to write
A long, long letter.

For you only,
I want my virtue to offset my weakness :
I want to be concerned with your crying
But, not with your laughing.

(Chameleon,
You cannot do what you have done.
I want to make dull, dull environment
Only for you.)

For you only,
I want to be trustworthy;

Substituting

Only one love

I want to be a smile

Covering your angered face.

Flower

Please, someone put a more meaningful name for the title

1

Always in my life,
All the time,
Peeping out somewhere,
Living gently,
Who are you?

2

Only and only
By you,
Can two souls be filled up.

3

If you are here,
My mind is filled with satisfaction.
If you are not here,
My mind is filled with emptiness.

And

I'm surprised twice.

4

When you are here,

I'm surprised by a seven colored rainbow.

When you are not here,

I'm surprised by staggering myself.

☞ Excerpts from the poem "Flower"

The Train

Long,
Mouthful spirit
Is what you breathe out.

Sometimes
With passing eyes
Only one powerful shout.

Indeed
Longing for harmony
Can be a great frustrating.

A little Teacher

To go home we have to pass the mortuary.
That rascal remembers the exact route.
I don't remember when but one day,
That day we have bountiful rains.
"What is mortuary?"
"The house holds a funeral,"
"Little store getting money from the dead,"
"Something like that."
"So strange."
"What?"
"Someday undertaker will die for sure, still he
Maker coffins for the dead. I guess he doesn't know
When he sleeps in that coffin he made... When he
Dies - that's why he's smiling. One big fool."

Because of that incident? that night.
That rascal is asking questions again.
"For 1M you will exchange me,"

"No."

"No kidding, then I'm more valued than 1M."

"That's light."

Being excited,

"Then with our country,"

"Every piece of nation won't exchange you."

Wa! hurray, he jumps on me,

Kissing here and there.

For a moment, taking his time,

"You won't exchange me for this world,"

"Stop being nonsense. Even though every pieces of
This world is gold, I wouldn't exchange you for it."

Ha, ha,

Then if I did, you must bring the amount

Of the cost of this world to the undertaker.

You have that much money.

Show it to me.

See, you're nothing but a liar.